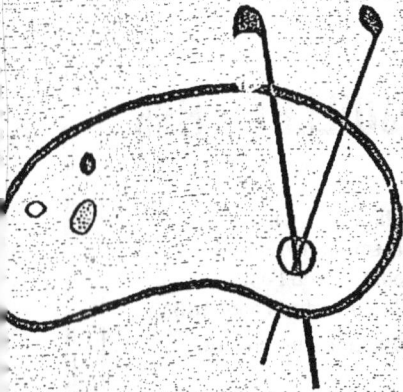

DEBUT D'UNE SERIE DE DOCUMENTS
EN COULEUR

Couverture inférieure manquante

DEUXIÈME

LETTRE STÉPHANOISE

AUX ÉLECTEURS DES 29 ET 30 JUILLET 1865

> « Quand on veut le bien et quand on le fait,
> pourquoi hésiter à soumettre ses intentions
> et sa conduite au contrôle de l'opinion ? »
> (*Mémorial de la Loire* du 17 août 1865.)

Fais ce que dois, advienne que pourra.

PRIX : 35 CENTIMES

SAINT-ÉTIENNE

En vente chez les principaux Libraires.

St-Etienne, imp. Montagny.

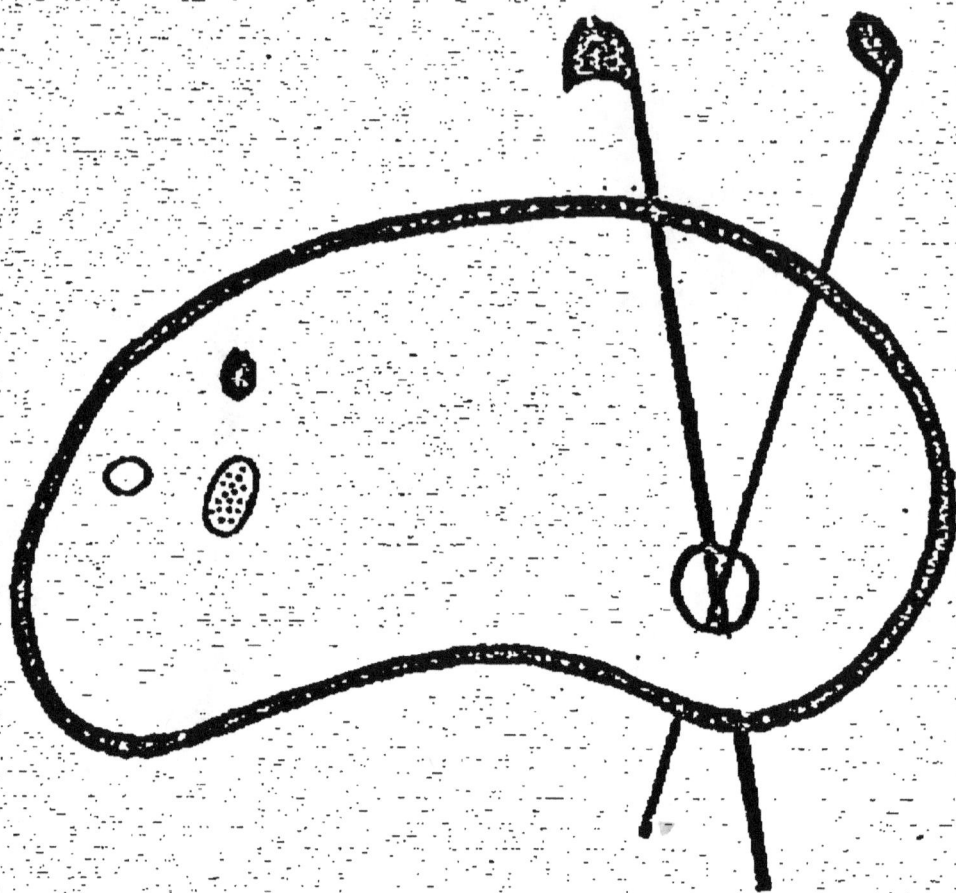

FIN D'UNE SERIE DE DOCUMENTS
EN COULEUR

DEUXIÈME

LETTRE STÉPHANOISE

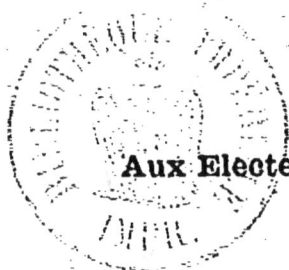

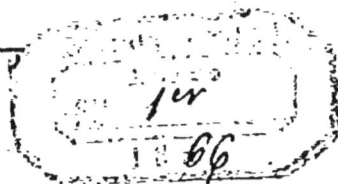

Aux Électeurs des 29 et 30 juillet 1865.

> « Quand on veut le bien et quand on le fait,
> pourquoi hésiter à soumettre ses intentions
> et sa conduite au contrôle de l'opinion ? »
> (*Mémorial de la Loire* du 17 août 1865.)

Fais ce que dois, advienne que pourra.

ÉLECTEURS COMPATRIOTES,

Ma *Première Lettre Stéphanoise*, adressée à M. le rédacteur en chef du *Mémorial de la Loire*, se terminait par l'engagement que je prenais de ne plus envoyer d'épître à ce remarquable publiciste officiel et de ne faire part désormais de mes intentions qu'à vous. Je viens exécuter mon engagement. Je ne m'adresserai aujourd'hui qu'à vous ; et, s'il m'arrivait quelquefois de parler de M. le rédacteur en chef du *Mémorial de la Loire*, soyez bien assurés qu'il ne m'arrivera jamais de l'interpeller ; c'est avec vous, avec vous seuls, que je veux, à l'avenir, avoir le plaisir de m'entretenir.

Je ne reviendrai pas sur le contenu de ma première lettre. Vous en avez eu connaissance, sans doute, et vous ne serez pas étonnés quand je vous apprendrai qu'elle a soulevé le mécontentement d'un capitaine des pompiers, nommé Roustan. Ce capitaine a trouvé que j'y avais fort mal parlé du service des pompes à incendie, à Saint-Étienne ; il a, en conséquence, pris la plume, et, sous la dictée de..... l'autre, il a écrit au *Mémorial de la Loire* une lettre que je m'empresse de mettre sous vos yeux, et qui parut dans le numéro du 5 octobre 1865.

« *Monsieur le rédacteur,*

« *Je viens de lire à l'instant un opuscule portant la signature de M. Chapelle, conseiller municipal, où il est dit, entre autres choses, que les pompes de la ville de Saint-Étienne ne peuvent être mises à la disposition du public qu'après avertissement préalable donné à M. le général de brigade, à M. le procureur impérial et à M. le maire.*

Puisque M. Roustan lit et sait lire, pourquoi n'a-t-il pas lu, à la page 2 de mon opuscule, ces mots : D'APRÈS LES DIT-ON. Je n'affirmai pas personnellement, j'exprimai une opinion générale que M. Roustan lui-même connaît, car il ajoute :

J'ai lieu de croire que c'est par erreur que l'auteur de cette récrimination, déjà ancienne,

Que l'on note cet aveu : DÉJA ANCIENNE. Ce n'est donc pas moi qui l'ai inventée, qui en suis l'auteur. Puis, pourra-t-on dire, si elle est déjà ancienne, elle ne peut assurément devoir son ancienneté qu'à l'ancienneté même des abus qui lui ont donné naissance.

On voit bien que M. Roustan ne veut pas se flatter !

a signalé un fait de cette importance sans en être sûr.

Encore une fois, je parlai *d'après les on-dit,* j'exprimai l'opinion générale, et M. Roustan avoue lui-même qu'elle me donne raison.

Quant à mon opinion personnelle, je la produis à la page 4 où je dis : « Si j'en crois des *renseignements pris à bonne source,* mon désir « serait déjà en partie réalisé, et le retard extraordinaire de l'arrivée « des pompes *aurait une toute autre cause que les avertissements préa-* « *lables à M. le général de brigade, à M. le procureur impérial et à* « *M. le maire.* »

M. Roustan avait sans doute oublié ces lignes quand il écrivait au *Mémorial de la Loire.*

M. Roustan continue :

Les pompes de la ville sont et ont toujours été à la disposition de tous ceux qui sont venus les réclamer ou qui ont bien voulu aider à les conduire sur le lieu du sinistre.

Franchement ! M. Roustan est hardi ; je n'aurais jamais osé avancer que les pompes étaient à la disposition *de ceux qui voulaient bien aider à les conduire sur le lieu du sinistre.* M. Roustan le déclare, je le crois, et me garderai bien de le contredire.

Je dois passer, et pour cause, sur les observations peu obligeantes qui concernent les fonctionnaires qui comprennent, je crois, leur devoir autrement que ne le suppose M. Chapelle.

De quels fonctionnaires M. Roustan veut-il parler? de M. le général de brigade, de M. le procureur impérial et de M. le maire? M. Roustan peut rengaîner sa plume. Quand ces fonctionnaires seront attaqués, ils sauront se défendre, sans lui, comme malgré lui.

Je ne me dissimule pas que le service de jour ne puisse se faire d'une manière plus prompte :

C'est ce que j'avais essayé de prouver.

ceci est une question d'organisation et de dépense.

Je n'ai pas dit autre chose au fond.

Le zèle des pompiers ne pouvant être mis en doute, on peut rechercher ailleurs les moyens les plus rationnels pour arriver à un meilleur résultat.

C'est ce que j'ai fait.

Il appartient sans doute à tout conseiller municipal et même à tout citoyen de faire des propositions dans le but d'améliorer ce qui existe et d'indiquer les voies et moyens.

J'avais donc le droit de faire ce que j'ai fait.

Il ne manque certainement pas à Saint-Etienne des hommes d'expérience capables de donner de bons avis ou pour saisir le bon côté des propositions faites;

Est-ce que, par hasard, et sans le vouloir, j'aurais soutenu le contraire? Qu'on me le fasse voir.

pourquoi, dans ce cas, ne pas nommer une commisson de ces mêmes hommes pour étudier sérieusement et froidement la question au point de vue des finances et de la pratique?

Où donc M. Roustan a-t-il vu que je me fusse opposé à une commission? Non-seulement je ne m'y oppose pas, mais je la désire, et je m'engage même à lui communiquer bien des renseignements qui ne seront pas sans intérêt pour elle.

C'est par là, je crois, qu'on aurait dû commencer avant de venir jeter de la défaveur sur un corps qui, je me plais à le croire, ne marchande pas son dévouement à la chose publique, tout en faisant moins de bruit que de besogne.

M. Roustan s'efforce, avec ces insinuations, de me faire passer pour un diffamateur. Qu'il me montre la ligne où je diffame le corps des pompiers. Un petit fait, à la place d'une insinuation, vaudrait beaucoup plus. Mais, en l'absence de ce fait, on serait bien aise de faire croire aux lecteurs du *Mémorial de la Loire*, qui n'ont pas lu mon opuscule, que j'attaque injustement les pompiers, quand je n'attaque, en définitive, que l'organisation de leur service, organisation défectueuse de l'aveu même de M. Roustan.

D'ailleurs, Saint-Etienne connaît ce système de point d'honneur dans lequel se drapent certains chefs d'administration, pour repousser les blâmes qui les frappent à bon droit. Ils se relèvent indignés, au nom de l'administration entière qu'ils représentent, et traînent leurs censeurs devant un tribunal, comme si la condamnation de ceux-ci allait être leur propre justification. Dieu merci! on apprécie maintenant la valeur réelle de ces jugements correctionnels. On sait qu'ils n'ont pas à se prononcer sur la justesse, mais sur le but déshonorant du blâme; qu'en un mot, les juges peuvent condamner le censeur, même avec la conviction que la censure était méritée. C'en est assez pour que l'opinion publique ne s'associe pas aux rigueurs de leurs sentences.

Enfin, pourquoi ne le dirai-je pas? mes concitoyens, en me nommant conseiller municipal, m'ont donné le mandat de veiller à leurs intérêts communs, de leur signaler les abus dont ils sont victimes à leur insu, et d'en arrêter avec eux les progrès; et quand, en cette qualité, je touche à l'organisation d'un service municipal, dussent tous ceux qui le dirigent être froissés dans leur vanité, dans leur amour-propre ou dans leur honneur, tant pis pour eux! Non-seulement je n'use que de mon droit, mais encore je fais mon devoir, etnulle loi ne peut m'atteindre et la conscience publique doit m'applaudir.

Je ferai observer, en passant, que le mode de faire parcourir la ville avec un tambour pour annoncer un sinistre ne me paraît pas un moyen bien expéditif pour réunir les pompiers; et si l'on a renoncé à cet usage, plus fait pour jeter le trouble dans la population que pour offrir un secours efficace, c'est que l'expérience a démontré sa complète inutilité; ce qui vaudrait mieux sans doute que tout ce qui a été fait jusqu'à ce jour, ce serait la création de plusieurs postes avec une garde permanente pour chacun d'eux; mais ici se présente une foule d'objections et de difficultés que le nouveau Conseil saura sans doute vaincre ou tourner sans augmenter essentiellement les charges de la ville; j'appelle tout le premier et de tous mes vœux la réalisation de ce problème, et mes vœux seront partagés par nous tous.

Je ferai observer à mon tour que:

1° Un maire a toujours fort mauvaise grâce d'abroger tacitement un arrêté pris publiquement et annoncé avec grand renfort d'affiches. Rien ne prête plus à l'arbitraire, au népotisme et à la coterie, rien, par conséquent, n'est plus nuisible à l'esprit d'impartialité et de justice qui doit inspirer les fonctionnaires publics, que cette abrogation silencieuse de la loi qu'ils se sont imposée à eux-mêmes, ou qui leur est imposée; c'est véritablement une violation aussi punissable de leur part que de la part d'un simple citoyen. Elle doit même à leur position un caractère de gravité qu'elle n'a pas ailleurs. Elle les habitue bientôt à se placer au-dessus de la loi, et ne tarde pas en même temps à les déconsidérer auprès de leurs administrés, qui ne voient plus en eux les serviteurs de la justice et du bien public, mais, au contraire, des représentants de la force insolente et inique.

C'est pour cela que chez tous les peuples il est de droit primordial que les lois obligent tout le monde, même ceux qui les font.

Législateur en quelque sorte dans son humble sphère, un maire se trouve donc aussi lié lui-même par ses arrêtés, et son devoir est de s'y soumettre aussi longtemps qu'ils subsistent et peuvent être invoqués par lui contre ses administrés. S'ils lui paraissent plus tard défectueux, qu'il les rapporte, il en a le pouvoir; mais tant qu'ils existent, ils existent envers et contre lui; il ne peut s'y soustraire, sans se rendre coupable lui-même.

M. Faure-Belon ne s'est pas attaché à cette considération. Après avoir remis en vigueur un arrêté qui remontait déjà à dix-huit années, il lui a semblé naturel de l'anéantir peu de temps après, silencieusement, sans annonce publique, avec le sans-gêne que l'on peut mettre à ses actes de la vie intime. Et M. Roustan le justifie par le seul motif que l'expérience avait *démontré la complète inutilité de la mesure de l'arrêté!* C'est peut-être là un motif suffisant pour prendre un nouvel arrêté modifiant ou annulant le premier; ce n'en est pas un, à coup sûr, pour ne pas appliquer un arrêté encore existant.

2° Je trouve que les propositions de M. Roustan sur la création de plusieurs postes, et ses vœux pour le succès des efforts du nouveau Conseil dans cette entreprise, sont beaucoup trop tardifs pour mériter quelque considération. Voilà bientôt vingt-cinq ans que M. Roustan est à la tête de la compagnie des pompiers de Saint-Etienne, voilà dix ans que la création de plusieurs postes dans la ville a été tentée, quelles démarches M. Roustan a-t-il faites pour mener l'entreprise à bonne fin, quelles sont les améliorations dont il a eu l'idée ou poursuivi l'exécution? En vérité, il a fallu la malencontreuse brochure de M. Chapelle pour faire apparaître tout-à-coup, sur le papier, tout ce que le cœur de M. Roustan recélait depuis si longtemps de dévouement à la chose publique. Sans se flatter, l'auteur de la brochure doit être heureux d'un semblable résultat.

Je reviens à la lettre de mon héros.

Pour renseigner définitivement M. le conseiller municipal sur le nombre des pompes appartenant à la ville et le lieu où elles se trouvent, pour compléter enfin l'éducation du public et celle d'un pompier qui paraît l'ignorer,

Halte-là! capitaine; j'affirme qu'avant la publication de mon opuscule trente pompiers au moins n'en savaient pas plus que moi sur ce chapitre; et mon affirmation vaut bien, j'imagine, la vôtre.

je dirai que nous avons une pompe à Valbenoîte (école des frères), une à la prison, comme auxiliaire de celle de Valbenoîte; deux au théâtre, une grande et une petite portative, et huit au dépôt central à l'hôtel de ville, en tout douze. Le génie militaire possède en outre une pompe à la caserne, et la manufacture en possède une autre.

Je m'étonne que M. Roustan me signale douze pompes, alors que l'*Annuaire de la Loire*, publié d'après les ordres de M. le préfet, pour l'année 1865, n'en indique que onze, et pourtant il est postérieur à l'achat de la dernière pompe. Mais qu'importe, le public et bien des pompiers savent parfaitement aujourd'hui que la ville possède douze pompes, au lieu de onze, et que l'hôtel de ville en renferme huit, au lieu de sept. C'est déjà fort heureux.

Je dois ajouter que ces deux dernières pompes, conduites par de braves officiers, ont rendu souvent de signalés services.

Quand M. Roustan voudra reconnaître le mérite, il me verra toujours avec lui, fût-ce à mon préjudice, tout comme il me verra toujours infliger sans hésitation mon blâme à ceux qui me paraîtront l'encourir, dussé-je en éprouver moi-même quelque inconvénient.

Je ferai également observer que si les parties nord-est et nord-ouest n'ont pas encore de dépôt, elles ne tarderont pas du moins à en avoir.

Vraiment, ce ne sera que temps. Après dix ans d'attente, on peut bien croire enfin à la réalisation complète d'une telle réforme. Encore à qui sera-t-elle due? Sera-ce à l'administration dévouée de M. Faure-Belon? Hélas! M. Faure-Belon n'aura eu le mérite ni de la conception, ni de l'exécution de l'idée. Avant lui déjà le compte administratif de 1854 avait dit : « L'annexion des communes « suburbaines va rendre indispensable l'accroissement de ce service; « il faudra inévitablement un dépôt de pompes à la portée de l'un « des principaux quartiers de chaque commune; ils sembleraient « assez bien placés dans leurs maisons communes actuelles, où « pourraient loger en même temps les commissaires de police. « L'effectif de la compagnie devra être accru et autant que possible « au moyen de pompiers habitant près des dépôts. » Et c'est après lui que se terminera une œuvre qu'il avait à peine su commencer.

La question, déjà étudiée, consiste à trouver un emplacement central et à créer sur le point qui sera choisi un noyau de pompiers suffisant pour offrir un secours efficace.

Oui, la question était étudiée, et même résolue dans le sens que vous dites, depuis 1855 (compte administratif de 1854), comme vous venez de le voir. Et cependant qu'a-t-on fait jusqu'à ce jour, pendant dix ans?

Cette mesure depuis longtemps décidée

Qu'importe une décision qui reste lettre morte.

attendait pour sa complète réalisation le complément de canalisation pour les fontaines et la distribution des bouches d'eau sur tous les points de la ville;

Pour le coup, c'est trop fort. Voyez-vous, chers lecteurs, ce que la canalisation pour les fontaines et la distribution des bouches d'eau peuvent avoir à faire ici? Vous aviez cru, sans doute, qu'il n'était question entre M. Roustan et moi que de l'établissement de nouveaux dépôts de pompes dans les quartiers extrêmes de la ville. Pas le moins du monde. Il y a dans tout cela, suivant M. Roustan, une grosse question d'eau à résoudre. Vous ne l'auriez jamais pensé, sachant combien l'eau abonde à Saint-Etienne; mais c'est cependant ainsi, et c'est même pour cela que l'on a attendu dix ans avant d'achever la réforme *décidée*. Quelle audace et quelle outrecuidance !

on comprend, du reste, que ce système devant entraîner une organisation toute nouvelle de la compagnie des pompiers, l'on ait dû attendre quelques mois pour donner la suite nécessaire à cette résolution prise.

QUELQUES MOIS! Dix fois douze mois! dix ans! En vérité, le temps ne dure guère au zèle de M. Roustan.

Je regrette, Monsieur le rédacteur, que les bornes d'une lettre ne me permettent pas de traiter à fond toutes les questions qui s'agitent dans la brochure de l'honorable M. Chapelle;

Je le regrette aussi, et d'autant plus que, même sous la forme épistolaire, la plus longue réponse possible à mon opuscule eût été, j'en ai la conviction, très-bien accueillie par le *Mémorial de la Loire*, et insérée aussitôt dans ses colonnes.

mais cela me mènerait un peu trop loin,

Va-t-on jamais trop loin dans la voie du bien?

et j'avoue franchement que le travail dont je suis chargé me laisse peu de loisir pour me livrer à une polémique

Bon nombre de gens se sont demandé de quel travail M. Roustan peut être chargé, le voici: M. Roustan est sous-secrétaire à la mairie. Il se rend à son bureau à neuf heures du matin pour en sortir à midi; il y retourne à deux heures de l'après-dîner et s'en va à cinq heures. J'ajouterai, pour les personnes qui seraient curieuses d'en savoir davantage, que cela lui vaut un appointement de 2,700 fr., distinct de celui de capitaine des pompiers s'élevant déjà à 1,000 fr.

qui serait sans intérêt pour le public;

N'est-il pas vrai, chers lecteurs, que M. Roustan traite un peu légèrement et le public, et l'institution à laquelle le public s'intéresse assez cependant pour lui consacrer, chaque année, 17,500 fr., dont 1,000 sont attribués à ce même M. Roustan?

il vaut mieux, comme je l'ai déjà dit, voir et juger les choses froidement

Pas trop froidement!! Trop de froideur vient de l'indifférence et l'indifférence conduit à l'inaction. Un peu moins de froideur chez M. Roustan nous eût peut-être épargné la longue attente de dix années que nous venons de subir pour la réforme dont il avoue maintenant lui-même la nécessité.

qu'une Commission soit nommée, et je ne serai certes le moins heureux, si elle produit quelque chose de bon et d'utile pour mes concitoyens.

Veuillez agréer, Monsieur le rédacteur, l'assurance de ma plus entière considération

ROUSTAN,
Capitaine des pompiers.

Qu'une commission soit nommée, je le désire aussi; et je ne serai certes pas le moins heureux, si elle produit quelque chose de bon et d'utile pour mes concitoyens, car l'honneur en reviendra surtout à ma vigoureuse initiative.

En somme, que signifie la réponse de M. Roustan? Il m'approuve et il me contredit tout à la fois. Quel est donc le but de ce jeu bizarre?

Pour avoir le mot de l'énigme, il serait bon, je crois, chers lecteurs, d'appeler le secours de circonstances étrangères, en apparence, à la discussion, mais pleines d'enseignements pour nous tous.

On se souvient encore de l'admiration enthousiaste du *Mémorial de la Loire* pour l'ancienne administration. Il ne souffrait pas que l'on portât la moindre atteinte à la vénération dont M. Faure-Belon était l'objet de sa part. C'est à grand peine que de loin en loin il admettait dans ses colonnes ou une modeste réclamation, ou une humble pétition; et encore fallait-il en ce cas que la réclamation ou la pétition contînt un petit éloge à l'adresse du maître. Cette dernière précaution était le seul mais infaillible moyen de se faire ouvrir les portes de la publicité. Le blâme le plus léger, s'il n'était adouci par ce baume consolateur, était rigoureusement mis au panier pour toujours.

Les choses se passèrent ainsi jusqu'au 31 juillet, jusqu'au 29 août, jusqu'au 15 septembre, jusqu'au jour enfin où il fut évident pour tous que la nouvelle administration se mettait résolûment à l'œuvre, et voulait, fidèle à la consigne, ne pas déserter son poste. Mais, de ce jour, le *Mémorial de la Loire* changea d'allure. D'optimiste qu'il était la veille, il devint tout-à-coup pessimiste par l'organe de ses nombreux et empressés correspondants. Les lettres de réclamation affluèrent de toutes parts : abus à corriger, améliorations à faire, arrivèrent pour la première fois en rangs serrés dans les colonnes étonnées, sans doute, du journal officiel protester contre l'état actuel de la ville. C'est ainsi qu'en un mois, du 15 septembre au 18 octobre, il s'y est produit presque plus de réclamations que l'on y en avait vu dans les dix années précédentes. Je n'en compte pas moins de quinze dans ce mois, une tous les deux jours. De mémoire de prote, cela ne s'était jamais rencontré dans l'imprimerie du *Moniteur* stéphanois. C'est un fait extraordinaire, inouï.

Évidemment ce zèle subit et exagéré ne pouvait avoir qu'un but : embarrasser la nouvelle administration par des exigences nombreuses et pressantes, et la déconsidérer aux yeux des lecteurs du journal étrangers à la ville de Saint-Etienne, en leur laissant croire, en présence de ce concert tout nouveau de réclamations, que l'ancienne administration n'avait jamais soulevé de plaintes et que la nouvelle courait de fautes en fautes. Car il faut remarquer qu'aucune de ces lettres ne fait allusion à l'incurie de l'ancienne administration, de sorte que son silence à cet égard fait retomber toute la responsabilité des abus ou des imperfections qu'elles signalent sur l'administration actuelle. Et quand un correspondant trop épris de la justice veut rendre à chacun ce qui lui est dû, et fait dans sa réclamation la part de l'autorité tombée, le *Mémorial de la Loire* lui refuse impitoyablement le secours de sa publicité, en lui répondant avec des airs magnanimes : « Respect aux vaincus! » Le pauvre journal oublie qu'il a trop respecté les anciens vainqueurs, et qu'en passant par lui ces mots perdent tout leur sens et toute leur noblesse.

Vous comprenez maintenant pourquoi, chers lecteurs, la lettre de M. Roustan a été ainsi rédigée, pourquoi elle a été insérée si vite dans le journal officiel de la localité, pourquoi enfin la courte réponse que j'y avais faite n'a pas été reproduite par ce journal. N'était-ce pas une bonne aubaine à saisir que celle de prendre à part un nouveau conseiller municipal, le faire passer pour un étourdi, au moyen d'une riposte habile et grâce à l'absence de toute contradiction, et démonétiser ainsi le Conseil municipal dont il fait partie tout entier? Vous comprendrez encore bien mieux, en lisant ma réponse, pourquoi le *Mémorial de la Loire* a perdu subitement, à sa réception, sa verve inaccoutumée et a repris son silence élogieux d'autrefois. Le renard, voyant ses ruses découvertes, était rentré dans son terrier; il n'en est sorti qu'une fois depuis.

Quant à moi, je regrette ce résultat. Auprès des gens sensés et clairvoyants, les plaintes du journal ne pouvaient que chatouiller notre amour-propre et exciter notre envie de bien faire, tandis qu'ils déchiraient la réputation surfaite de zèle et d'intelligence de nos prédécesseurs.

Voici, chers électeurs, ma réplique, dont la brièveté n'a pu trouver grâce devant le *Mémorial de la Loire :*

Saint-Etienne, le 20 octobre 1865.

« Monsieur le rédacteur en chef du *Mémorial de la Loire.*

« A mon retour d'un voyage, je me hâte de vous transmettre quelques mots à propos de la lettre que M. Roustan vous a adressée en réponse à mon opuscule, et que vous avez insérée dans votre journal du 15 octobre courant. La rédaction habile de cette lettre tendrait à faire supposer en moi d'autres sentiments que ceux qui m'animent, et même à provoquer certains soupçons de légèreté peu propres à flatter un homme qui se croit sérieux. Pour mettre à néant les savants détours de M. Roustan, je n'ai qu'à appeler le jugement des lecteurs du *Mémorial de la Loire* entre lui et moi, et, pour cela, vous prier de vouloir bien insérer dans votre journal la partie de ma brochure qui traite le service des sapeurs-pompiers à Saint-Etienne. C'est bien peu ; mais cependant je n'en demande pas davantage. Je m'étonne même que, avec l'empressement tout nouveau que vous apportez à l'insertion des réclamations des habitants, vous n'ayez pas déjà fait spontanément ce que je vous demande à cette heure. Une simple raison de justice, sans parler d'autre chose, vous engageait à le faire. Aussi, à défaut de l'insertion de l'extrait en question, vous prié-je d'insérer la présente lettre. Je me contenterai au besoin de ces lignes, mais je pense qu'en revanche vous m'épargnerez la peine de vous faire renouveler la prière par un officier ministériel.

« Agréez, Monsieur le rédacteur en chef, mes salutations.

« F. Chapelle. »

Je vous laisse à juger, lecteurs, le refus persistant d'insertion du *Mémorial*, en vous rappelant surtout certaine déclaration faite jadis à M. Fourneyron.

Maintenant que j'ai prouvé, il me semble, l'inanité et la subtilité de la réponse de M. Roustan, je vais essayer de lui prouver encore qu'il n'a pas sur son service toutes les connaissances désirables, ou, s'il les a, qu'il ne s'en sert pas.

Le service des pompes à incendie est un service dont personne ne conteste le caractère essentiellement municipal. L'administration municipale a donc le droit de l'organiser comme elle l'entend, et de même qu'elle peut, à son gré, diminuer ou augmenter la somme annuelle qui y est affectée, elle peut encore, à son gré, étendre ou rétrécir les cadres de la compagnie elle-même des pompiers. Aussi, chaque fois qu'il s'est agi de justifier auprès du Conseil municipal l'exactitude des prévisions portées dans les budgets à l'article des pompes à incendies, s'empressait-on de soumettre à l'approbation du Conseil jusqu'à la composition de l'effectif. C'est ce qui eut lieu notamment pour les budgets de 1856, 1857 et 1861. Or, cette approbation étant obtenue, qui oserait soutenir que le maire pouvait ensuite bouleverser l'organisation qui en était l'objet pour répartir à sa fantaisie les fonds votés par le Conseil, donner, par exemple, à la musique ce qui était destiné à l'accroissement du matériel ou à la solde des pompiers? Évidemment, personne n'aurait cette hardiesse. Et si l'on refuse ce pouvoir au maire, le refusera-t-on moins au capitaine de la compagnie des pompiers qui est sous ses ordres? Évidemment non. Cependant, chers électeurs, ce que l'on n'avait pas le droit de faire, sans détourner de leur destination spéciale des fonds demandés au Conseil et obtenus de lui en vue de cette obstination, M. Faure-Belon ou M. Roustan, ou l'un et l'autre à la fois l'ont fait, et ils savaient probablement ce qu'ils faisaient.

Voici le cadre de l'effectif tel qu'il est donné par le budget de 1856, aux détails duquel M. Faure-Belon renvoie souvent dans ses comptes d'administration :

1 capitaine-commandant....................	1000 f.
1 lieutenant............................	300
1 sous-lieutenant.......................	250
1 sous-lieutenant trésorier......	250
1 chirurgien	250
1 sergent-major........................	200
13 sergents, dont 1 fourrier, à 150 fr........	1950
1 sergent instructeur....................	150
12 caporaux, à 100 fr....................	1200
1 chef de musique......................	200
16 musiciens, à 100 fr...................	1600
3 tambours, à 100 fr....................	300
107 pompiers, à 50 fr...................	5350
159	13000

Passons maintenant à l'effectif tel qu'il est déclaré par M. Roustan pour l'année 1865 :

1 capitaine-commandant...................	1000
1 lieutenant 1er.............................	300
1 lieutenant 2me............................	300
1 sous-lieutenant..........................	250
1 chirurgien................................	250
1 sergent-major............................	200
7 sergents, à 150 fr.......................	1050
1 fourrier, à 150 fr........................	150
12 caporaux, à 100 fr.......................	1200
4 tambours, à 100 fr........................	400
98 pompiers, à 50 fr........................	4900
1 chef de musique..........................	400

26 musiciens) 1, à 140 fr..... 140)
) 9, à 100 fr..... 900) ......
) 16, à 60 fr..... 960)
	2000

1 concierge pour les pompes................	600

156	13000

A ne regarder que les totaux de l'effectif ou de la solde, il y a égalité complète. Dans l'un et l'autre tableau, la solde s'élève à 13000 fr., et l'effectif ne diffère que de trois hommes, de sorte que l'on peut croire qu'il n'y a eu aucune modification importante. Mais si l'on examine le détail de ces tableaux avec soin, on y trouvera de profondes différences, et l'on se demandera alors si ce n'est pas à dessein que l'on a obtenu et présenté l'égalité de totaux signalée.

Commençons d'abord par l'effectif.

Au premier tableau, 1 lieutenant et 2 sous-lieutenants; au deuxième, 2 lieutenants et 1 sous-lieutenant. Le premier tableau donne 12 sergents et 1 fourrier, le deuxième ne donne que 7 sergents et 1 fourrier. Le premier tableau porte 1 sergent instructeur, 107 pompiers, 16 musiciens et 3 tambours; celui qui a été dressé pour 1865 n'a pas de sergent instructeur, et ne mentionne que 98 pompiers seulement; mais, en revanche, il a 4 tambours, 26 musiciens et 1 concierge pour les pompes. On voit que le service gagne........ du côté de la musique; les incendiaires n'ont qu'à se bien tenir.

Passons maintenant à la solde.

Des modifications que nous venons d'indiquer il résulte que la musique touche une solde plus forte de 700 fr. que celle qui lui était allouée, et cela au détriment des pompiers actifs et utiles dont le nombre est restreint. En vérité, l'ancien Conseil municipal sera bien étonné d'apprendre quel usage il a été fait de ses allocations, et de quelle manière on a exécuté ses résolutions.

Ce n'est pas tout encore. Quand, à la discussion du budget de la ville pour 1866, l'article du service des pompes à incendie fut soumis à l'approbation du Conseil municipal, son examen amena d'intéressantes révélations. C'est en vain que M. le maire avait répondu par une affirmation nette au membre du Conseil qui lui demandait si le cadre présenté sur les déclarations de M. Roustan était sincère et exact, il nous fut donné de voir qu'il était faux et erroné. Et, chose étonnante, mais que je tâcherai d'expliquer plus loin, ces erreurs et ces inexactitudes viennent encore grossir la monstruosité que je signalai plus haut, à propos du personnel musical. Ainsi, disait le membre du Conseil, armé de documents, ce n'est pas 98 pompiers qu'il faut compter dans la compagnie, c'est 88 seulement, 10 de moins; ce n'est pas 30 musiciens qu'il faut compter, mais bien 40, 10 de plus. En réalité, ce n'est pas seulement 700 fr. que la musique des pompiers absorbe de plus qu'elle ne le devrait, c'est 1032 fr., de quoi payer 20 pompiers de plus, à 50 fr. par an. Quand on tolère un tel luxe, aux dépens et contre la volonté d'une ville, c'est, il me semble, beaucoup plus que de la négligence. Que sera-ce donc, si à cette tolérance se joint la dissimulation qui la rend plus coupable encore? Oui, il y a 40 musiciens, au lieu de 30 avoués par M. Roustan, et loin d'être composée, comme il le dit, de 4 tambours, 1 chef de musique, 1 musicien de première classe, 9 de seconde et 16 de troisième, la musique a 4 tambours, 1 chef de musique, 1 sous-chef, et, qu'on remarque bien ceci, 6 catégories de musiciens en renfermant, la première 6, la deuxième 4, la troisième 4, la quatrième 6, la cinquième 10. Quant à leur solde, elle n'est pas assurément telle que M. Roustan la déclare. D'après lui, le chef de musique aurait 400 fr., le musicien de première classe, 140 fr., les 9 autres de la deuxième classe, 100 fr. chacun, et les 16 de la troisième, 60 fr. chacun. De tout cela, rien n'est exact. Le chef de musique ne reçoit que 300 fr.; en compensation, il y a un un sous-chef qui émarge pour 140 fr.; puis, les musiciens de la première catégorie touchent 100 fr. chacun, ceux de la deuxième, 80 fr., ceux de la troisième, 70 fr., ceux de la quatrième, 60 fr., enfin ceux de la cinquième, 50 fr.

Ici, me sera-t-il permis, en ma qualité de conseiller municipal, de dire ce qui s'est dit déjà depuis longtemps dans le public, où je l'ai appris autrefois. Ce sera l'explication nette et des infractions faites au règlement de l'effectif adopté par le Conseil municipal, et de l'étonnante faiblesse de la musique des pompiers fondée cependant depuis longues années. Tout le monde a remarqué qu'elle était toujours composée de jeunes gens et que le personnel en changeait très-souvent. C'est sur cette remarque qu'il me fut fait la réponse suivante : « Les jeunes gens formant la musique des « pompiers sont la plupart dénués de fortune; les leçons qu'ils ne « pourraient pas payer seuls, ils les obtiennent en s'enrôlant dans « la compagnie des pompiers, où ils reçoivent bientôt une solde qui « devient la rémunération du chef de musique, leur professeur. « Ajoutez que l'uniforme leur est fourni par la ville. Ils ont ainsi « tous avantages à entrer dans un corps d'où ils ne tardent pas à « sortir, quand ils se sentent un peu forts dans l'art musical, et où « leur professeur, le chef de musique, ne doit pas alors chercher à « les retenir par force, intéressé qu'il est au renouvellement con- « tinuel de ses élèves. » Voilà qui n'a pas besoin de commentaire, tant c'est clair et intelligible. D'une compagnie de pompiers on tendrait à faire un conservatoire.

Laissons maintenant de côté le personnel, et voyons si le matériel de service est dans de meilleures conditions.

La discussion du budget nous a encore beaucoup édifié sur ce point. Ce n'est pas sans étonnement que le Conseil municipal a entendu parler de factures où de la graisse à graisser les pompes était cotée à 3 fr. le kilog. Ni les ménagères ni les industriels n'en connaissent à ce prix. Un plaisant a murmuré entre ses dents que c'était, sans doute, de la pommade à la duchesse. L'étonnement s'est prolongé quand on a vu que, du 1er janvier 1865 au 23 octobre 1865, il y avait déjà pour 3109 fr. 75 centimes de dépenses d'équipement et de matériel. L'année est loin d'être finie et le crédit affecté à cette nature de dépenses est déjà dépassé. Il est vrai que dans cette dépense est compris l'achat d'une pompe neuve ; mais il est vrai aussi que la vente de quatre vieilles pompes, moyennant 440 fr., a empêché cette dépense d'atteindre 3549 fr. 75 c. Et puisque l'on sait, grâce à ce marché, qu'une pompe avec tous ses accessoires, boyaux et seaux, coûte seulement 1233 fr. ne peut-on pas se demander comment il se fait que l'on ait dépensé, pour l'entretien des douze pompes anciennes, la somme de 2946 fr. 50 en 1860, de 2937 en 1861, de 2816 fr. 85 c. en 1862, de 2709 fr. 50 c. en 1863, de 3008 fr. en 1864, de 3109 fr. en 1865, c'est-à-dire, en six années, de quoi acheter 14 pompes neuves avec tous leurs accessoires ? Et encore ai-je soin, pour arriver à ces chiffres, de soustraire de la dépense totale annuelle du service les 1460 fr. d'indemnité de garde à l'hôtel de ville, et les 13000 fr. de la solde des hommes, alors qu'il est notoire que, en aucune année, ces 13000 fr. de solde n'ont pu être absorbés. Depuis très-longtemps on n'a jamais compté plus de 90 pompiers, au lieu de 107 ; le plus souvent, il y en avait moins encore.

Pour moi, j'avoue ne rien comprendre à ces dépenses extraordinaires. Leur exagération signifie, à mes yeux, absence complète d'entretien zélé et intelligent. Car entretenir et réparer sont fort différents. L'un prévient souvent l'autre, et celui-ci naît presque toujours du défaut de celui-là. Aussi bien, on peut s'en assurer en visitant le dépôt des pompes à l'hôtel de ville. C'est une galerie sans lumière et humide, recevant, pour les conserver, des engins humides déjà eux-mêmes et qui, loin d'y sécher, doivent s'y humecter davantage encore et se rouiller ou moisir. Si au moins après chaque incendie on avait eu soin de tout sécher et de graisser les appareils en fer. Mais qui aurait pu se charger de ce travail ? Avec l'organisation que j'ai déjà proposée, chaque escouade ayant sa pompe à elle, elle en aurait la garde et l'entretien, et le premier devoir du sergent serait d'apprendre à ses hommes, après la manœuvre de la pompe, la manière de la démonter, de la sécher, de la graisser, enfin de la remettre toute prête à fonctionner. Ces dernières opérations se feraient au lendemain de chaque sinistre. On n'aurait plus alors le spectacle d'une pompe dont le jeu serait arrêté par la rouille, et qui se refuserait au service, juste au moment où le besoin s'en ferait le plus impérieusement sentir.

Enfin, puisque M. Roustan veut bien me répondre, je vous demande, chers lecteurs, l'autorisation de lui adresser encore quelques questions.

Avant l'avènement de M. Roustan à la tête de la compagnie, — il y a de cela 25 ans, — la compagnie des pompiers avait un drapeau qu'elle était fière d'étaler dans les réjouissances publiques. Est-il vrai qu'elle ne l'a plus, parce que M. Roustan n'a pas daigné aller le chercher au domicile de feu son prédécesseur avec les honneurs militaires qui lui étaient dûs? Pour un ancien soldat, le trait me semblerait hardi.

Est-il vrai qu'aux termes du règlement de la compagnie, il doit y avoir un Conseil de discipline?

Est-il vrai que, d'après ce règlement, le Conseil de discipline doit juger « toutes infractions à la discipline, manque de service, insu- « bordination, et même sur la conduite en dehors du service? »

Est-il vrai cependant que ce Conseil de discipline n'existe plus et ne fonctionne plus depuis très-longtemps, et que M. Roustan se permet de condamner seul à des amendes s'élevant jusqu'à 15 francs? Certes, à part l'infraction faite au règlement, on peut trouver sévères de telles peines prononcées contre des gens qui touchent 50 fr. par an pour courir les plus grands dangers.

Est-il vrai aussi qu'aux termes du même règlement la compagnie possède une caisse de secours, et que cette caisse de secours soit dirigée par un Conseil de famille?

Est-il vrai que, si cette caisse de secours avait, au 26 novembre 1855, en dépôt à la caisse d'épargne, une somme de 1854 fr. environ, elle n'y a plus rien mis en dépôt depuis?

Cependant les retenues, les amendes et les indemnités de garde au théâtre ont été continuées, et, de l'année 1855 à l'année 1864, elles se montent à 2600 fr. à peu près.

Est-il vrai que le Conseil de famille, chargé de diriger la caisse de secours, n'a pas plus d'existence que le Conseil de discipline, et que M. Roustan, en tient aussi lieu à lui tout seul?

Est-il vrai?.... Je pourrais multiplier les questions, le règlement entre les mains; mais je n'aboutirais presque toujours qu'à constater l'inanité de ce règlement. Est-ce à dire qu'il soit mauvais? Loin de là: il est excellent. Malheureusement il n'est pas appliqué; et c'est ici le cas, ou jamais, de répéter des règlements ce que l'on dit des lois. Ils ne valent que ce que valent ceux pour qui ils sont faits, et les meilleurs ne valent rien, quand ceux qui doivent les appliquer ne savent que les enfreindre.

Ce sera à la nouvelle administration à faire voir comment elle comprend ses devoirs en cette matière.

Il me reste maintenant à exposer l'organisation que je désirerais voir donner au corps des pompiers. Il me semble d'abord que pour une troupe de 150 hommes environ, il y a bien assez de 4 officiers : 1 capitaine, 1 lieutenant, 1 sous-lieutenant et 1 chirurgien ; puis viendraient 1 sergent-major, faisant fonctions de trésorier, 1 fourrier, faisant fonctions de sergent instructeur, 12 sergents ordinaires, 12 caporaux et 95 pompiers. La compagnie tout entière serait ainsi divisée en 12 escouades. Il y aurait de plus 12 sapeurs et 1 caporal sapeur. Enfin, la musique et les tambours, dont l'utilité est nulle, seraient remplacés par 6 clairons et 1 caporal clairon assujettis, en cas d'incendie, au même service que les pompiers. De cette façon, le personnel dans son ensemble serait diminué, mais le nombre des hommes d'un service réel serait augmenté. Les 145 hommes portés dans le cadre proposé pourraient tous assister aux incendies, tandis qu'aujourd'hui, sur les 154 hommes de la compagnie émargeant réellement, 114 seulement sont tenus au service de secours. On voit que la sécurité publique ne perdra rien au changement. Elle y gagnera même ; car il permettra, en outre, comme on va le démontrer, de mieux rétribuer les membres du corps et d'avoir ainsi des cadres toujours remplis.

Cela nous conduit à la question des soldes. Je pourrais bien, en commençant par le capitaine, faire observer d'abord qu'en beaucoup de villes il est une manière de résoudre la *question de dépenses* dont parle M. Roustan, qui consiste simplement à faire des fonctions d'officier au corps des pompiers des fonctions de dévouement, gratuites, et ne recevant leur récompense naturelle que dans l'estime et la considération publiques. Je n'en demanderais pas tant au zèle de M. Roustan. Je voudrais seulement qu'on établisse une proportion plus équitable entre son appointement, 1000 fr., et celui de son lieutenant, 300 fr. Quel grand travail le premier fait-il de plus que le second ? Ne serait-il pas plus juste et plus raisonnable de donner à l'un 600 fr., au lieu de 1000 fr., et à l'autre 400, fr. au lieu de 300 fr.? La solde du reste de la troupe se réglerait ainsi :

1 sous-lieutenant.	300 f.
1 chirurgien, au lieu de 250 fr.	300
1 sergent-major.	200
1 fourrier, au lieu de 150 fr.	180
12 sergents, à 150 fr.	1800
13 caporaux, dont 1 de sapeurs, à 100 fr.. .	1300
12 sapeurs, à 80 fr.	960
1 caporal clairon..	150
6 clairons, à 100 fr..	600
95 pompiers, à 65 fr. au lieu de 50. . . .	6175
143	11965

Ajoutez à cet effectif le capitaine et le lieutenant dont on a parlé plus haut, l'un à 600 fr., l'autre à 400 fr., vous avez une compagnie de 145 hommes, et une solde totale laissant à la ville un boni de 35 fr. qu'on pourrait donner en prime au plus méritant, chaque année. Avec cela, plus de justice dans les appointements et de notables augmentations, surtout pour les sapeurs toujours chargés de missions les plus périlleuses dans les incendies.

Le boni s'accroît encore de toute la diminution des frais d'équipement supportés par la ville. Tous les pompiers s'habillent, en effet à leurs frais, bien que la plupart soient fort peu rétribués. La musique, au contraire, est équipée aux frais de la ville, ce qui n'est pas une mince charge avec le changement fréquent des musiciens. En supprimant donc la musique, la ville fait deux améliorations à la fois. Sans charger ses finances, et même en les allégeant, elle augmente et les soldes et l'effectif de secours. Peu de réformes, à coup sûr, se présentent avec de tels avantages.

Pourrai-je maintenant, mes chers électeurs, vous demander si je suis digne de figurer parmi les hommes expérimentés dont M. Roustan invoque dans sa lettre les lumières discrètes ? Pourrai-je aussi vous demander pourquoi l'administrateur zélé que vous avez condamné au repos n'a pas vu ce qui a choqué les yeux de votre humble mandataire ?

Et cependant tout n'est pas là !

Ab uno disce omnes.

A la prochaine, mes chers électeurs !

Je n'ose encore me dire votre tout dévoué

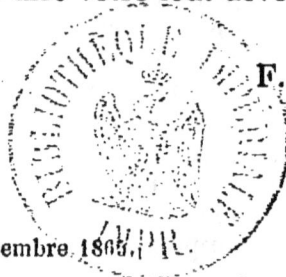

F. CHAPELLE,
Conseiller municipal.

Saint-Etienne, 15 décembre 1865.

www.ingramcontent.com/pod-product-compliance
Lightning Source LLC
Chambersburg PA
CBHW071345290326
41933CB00040B/2443